DISCOURS

PRONONCÉ DANS LE TEMPLE

DES CHRÉTIENS PROTESTANS

DE BRUXELLES.

DISCOURS

PRONONCÉ DANS LE TEMPLE

DES CHRÉTIENS PROTESTANS

DE BRUXELLES,

Le 3 Décembre 1809,

Jour du TE DEUM, *chanté à l'occasion de la Fête du Couronnement de S. M. l'Empereur, et du rétablissement de la Paix avec l'Autriche;*

PAR J. P. CHARLIER,

Ministre du Saint Evangile et Pasteur-Président de l'Oratoire de Bruxelles.

———————

A BRUXELLES,

Chez WEISSENBRUCH, Imprimeur-Libraire, place de la Cour, n°. 1085.

═══════

AN 1809.

A

MONSIEUR LE COMTE RAPP,

GÉNÉRAL DE DIVISION,

Aide-de-Camp de S. M. l'Empereur et Roi, Commandant de la Légion d'Honneur, Grand-Croix de l'Ordre de la Fidélité de Bade, Chevalier de l'Ordre du Lion de Bavière, Membre du vénérable Consistoire protestant de la Confession d'Augsbourg, séant à Paris, etc., etc., etc.

MONSIEUR LE COMTE,

INTERPRÈTE des sentimens d'une Eglise qui s'honore de votre protection généreuse, j'ose vous présenter ce faible hommage

*que votre bienveillance a daigné agréer.
Les exploits que célèbre ce discours, ne
vous sont pas étrangers; vous y avez pris
une part active; les vertus qu'il recom-
mande, vivent dans vos actions, et le
plus grand des Héros a prouvé qu'il sait
apprécier en vous la valeur de Bayard
et l'amour de ce Guerrier pour son Prince.
Puisse le Ciel, en prolongeant votre glorieuse carrière, pour votre bonheur et pour
le nôtre, vous décerner la juste récompense de vos vertus et de vos bienfaits!*

Je suis avec un respect profond,

MONSIEUR LE COMTE,

Votre très-humble et très-obéissant
Serviteur.

J. P. CHARLIER.

Bruxelles, le 16 Décembre 1809.

PRIÈRE

D'ACTIONS.DE GRACES.

GRAND DIEU ! en qui tout est substance et sentiment, *de qui, par qui et pour lequel sont toutes choses* (1), notre Père et notre Rédempteur ! Daigne jetter un regard d'approbation sur *ce sacrifice de prospérité;* que l'encens de notre reconnaissance monte vers ton trône auguste !

Tu es celui qui est, qui était et qui sera (2). D'un regard tu enfantas la terre, et tu imprimas ton image sur le front des Cieux. *Devant toi les nations sont comme la goutte qui distille d'un sceau, comme la menue poussière qui s'attache à une balance* (3) : *à chaque peuple tu as assigné sa portion, tu as posé les limites*

(1) ROM. XL, 36.
(2) APOCAL. I, 4.
(3) ES. XL, 15.

des fils d'Adam (1). Tu dispenses le scèp-tre et la houlette ; le destin n'est que ta loi suprême.

ÉTERNEL ! ta lumière et ta puissance ont éclaté sur nous. Tu as parlé à Napoléon, ton serviteur ; tu lui as dit : *Je t'ai choisi pour paître mon héritage* (2); *j'ai placé une couronne d'or sur ta tête* (3). *Ne crains point, car je suis avec toi. Tous ceux dont la colère s'enflammera contre toi, seront couverts de confusion et de honte ; un vent les emportera, un tour-billon les dissipera* (4) et ta droite saisira la paix.

Ta promesse s'est accomplie, SEIGNEUR ! Fier de ses chariots et de ses cavaliers , *Assur était monté* contre nous et les fils de notre alliance; mais *tu l'as frappé* et il a tendu la main de réconciliation. L'o-

____

(1) DEUTERON. XXXII , 8.

(2) Es. XLI , 9.

(3) Ps. XXI , 4.

(3) Es. XLI , 10 , 11 , 15.

livier croît à côté du laurier, les peuples s'embrassent et vouent à l'oubli leurs funestes haines , leurs sanglantes discordes.

Grâces , grâces immortelles t'en soient rendues , ô notre Dieu , notre suprême Bienfaiteur ! *Que ton nom soit béni dès à présent et à perpétuité ! Qu'il soit célébré depuis le soleil levant jusqu'au soleil couchant* (1)! *Eternel ! tu es digne de toutes nos louanges, nous raconterons tes merveilles, nous publierons la splendeur de ton règne glorieux* (2). *Que tout ce qui respire , loue et célèbre l'Eternel* (3)!

A M E N !

---

(1) Ps. cxiii , 2.

(2) Ps. cxlv , 3 , 5.

(3) Ps. cl , 5.

(CHANT DE LA PREMIÈRE PARTIE DU
TE DEUM.)

INVOCATION.

Dieu trois fois saint! Pénètre-nous du sentiment de ta présence dans cette heure solennelle. Soutiens l'essor de nos pensées *et les méditations de nos cœurs!*

L'univers respire dans ton sein. Tout se rapporte à ta gloire, et tes bienfaits sont des *liens d'amour.*

Puissent – ils nous attirer à toi pendant que nous écouterons ta parole! Dispose-nous à la recevoir avec attention, avec docilité et reconnaissance!

A m e n!

TEXTE.

PSEAUME XX, V. 7, 9 et 10 :

7. *Je sais à présent, que l'Eternel a sauvé son Oint, qu'il l'a exaucé de son sanctuaire céleste et l'a délivré par la force de son bras.*

9. *Ils ont pliés, ils sont tombés, mais nous, nous sommes debout, nous sommes restés affermis.*

10. *Eternel! Conserve le Roi.*

EXORDE.

Mes Frères ! *C'est ici la journée que l'Eternel a faite* (1). Son soleil l'éclaire d'éclatans rayons, depuis *Dan* jusqu'à *Bersabé* le Peuple la célèbre et les habitans de *Sion puisent avec joie de l'eau à la fontaine du Salut* (2) L'airain sacré retentit dans les airs et le cri de l'allégresse dans la cité. Magistrats, Guerriers, Citoyens, Jeunes Gens, Vieillards, tous, dociles à la voix du Souverain, s'empres-

______

(1) P. cxviii, 24.
(2) Es, xii, 3.

sent vers les temples, pour y offrir un sacrifice solennel d'actions de graces *au Roi des
Rois* (3), au Dieu des triomphes et de la paix.

A pareil jour il a donné le sceptre à Napoléon et la victoire à l'Homme de sa droite.
Depuis cette époque il a été constamment avec
son Serviteur, *il l'a couvert du casque du
Salut. L'ennemi venait comme un tor-
rent, mais l'Eternel a levé l'étendard contre
lui*, (4) et une paix prompte et glorieuse
termine une guerre, qui aurait pu durer
plusieurs années et qui semblait menacer jusqu'à l'Empire même.

Organe de la Patrie, l'Eglise exalte aujour-
d'hui ces bienfaits et par la reconnaissance
resserre les nœuds qui lient ses enfans au Monarque et à l'Etat. Elle retrace

I. La Bénédiction de nos armes, couronnée
par la paix.

Elle prêche

II. La fidélité au Prince, instrument de la
puissance de l'Eternel, le dévouement à la
patrie, objet des faveurs célestes (5).

---

(3) I Timoth, vi, 15.
(4) Es. lix, 17 et 19.
(5) Décret Impérial du 19 Février 1806. Circulaire de S. R. le Ministre des Cultes.

Donne - nous de remplir cette double tâche , Esprit du Seigneur, qui aux jours anciens inspirais les Prophétes d'Israël. Que nos idées répondent à l'importance des événemens et nos paroles à la grandeur de cette solennité !

Ainsi soit-il !

PREMIÈRE PARTIE.

Envain l'Empereur qui regarde la guerre (ce sont ses propres expressions) *comme le premier et le plus grand des fléaux*, voulait en épargner les malheurs au Continent ; envain durant les négociations il avait montré la modération la plus généreuse ; envain dans cet entretien solennel, auquel assistèrent les Représentans des Souverains de l'Europe, il avait déclaré à l'Ambassadeur d'Autriche, que la fidélité aux traités était sa maxime invariable et le maintien de la paix , le besoin de son cœur ; les conférences sont rompues ; *Marengo* , *Ulm* , *Austerlitz* sont oubliés..... l'Archiduc à la tête de trois cent mille hommes, marche sur la Bavière et franchit le fleuve de l'Inn.

A cette nouvelle, l'Empereur part, arrive et fond sur l'ennemi très-supérieur en nombre. Mais qu'est-ce que le nombre auprès de la valeur? Qu'est-ce que le nombre auprès du génie qui avait présidé à quarante batailles! Vous nous l'avez appris, journées d'Ebersberg, de Tann, d'*Eckmuhl* et de Ratisbonne, où avec les mêmes troupes le Héros renverse tour à tour les cohortes ennemies, comme *le Lion terrasse sa proie* (1) et disperse les chasseurs de la forêt. Journées illustres, vous l'avez vu, précédé de la terreur de son nom, ici enflammer le courage des alliés, là diriger la bravoure des Français, ailleurs par de savantes manœuvres, envelopper et rompre des corps entiers, qui ne doivent leur salut qu'à la fuite la plus prompte.

Tels sont ses succès, telle est sur lui la Protection du Très-Haut, qu'il entre en Vainqueur dans Vienne, le même jour où un mois auparavant l'Autriche avait déchiré le traité de paix, et que l'hymne de la reconnaissance retentit sous les mêmes voûtes, où la cour fugitive venait d'implorer envain les bénédictions du Ciel.

Jusqu'ici la valeur Française n'avait triom-

___

(1) Mich. v, 8.

phé que des hommes , il lui restait à triompher des élémens. Le *Danube* a vu ce prodige. Perfide autant qu'impétueux , ce fleuve avait rompu nos ponts et divisé l'armée. L'ennemi déjà en fuite, revient sur ses pas et croit une fois au moins saisir la victoire. Mais Napoléon était là, entouré de ses capitaines et de ses braves, et *Esling* atteste aux races futures ce que peut, malgré l'infériorité du nombre et la position la plus désespérante, l'imperturbable valeur des Français. Devant elle , comme devant un mur d'airain, viennent se briser tous les efforts de la Germanie et l'armée sous les auspices du Héros va goûter un repos mérité.

Pendant cet intervalle , des travaux que la postérité aura peine à croire, sont achevés en moins de temps qu'il n'en faudrait aux hommes ordinaires pour les concevoir. Le Danube est dompté ; sous des ponts majestueux ses ondes roulent dociles et soumises.

Alors s'effectue à la lueur des éclairs , au bruit du tonnerre, et en présence de l'ennemi, ce passage fameux et sans égal dans les fastes de la guerre, et les premiers rayons de l'aurore éclairent la surprise de l'Archiduc, forcé de combattre à *Wagram*, loin de ses retranchemens , sa grande espérance. C'est-là , c'est dans ces champs illustrés par les souvenirs de plusieurs siècles , que se déploie sur nos armes la bénédiction la plus signalée du Tout-Puissant. Qui la peindra ? Qui dira l'ardeur dont il enflamme nos légions, l'inspiration dont il anime leur chef ? Qui dira comment sons les pas de Napoléon, *le chemin s'élargit,* (1) comment les rangs ennemis sont atteints, ébranlés, rompus, renversés et mis en fuite ? Qui le dira ?.... L'effet de cette victoire, l'armistice de Znaïm, cet armistice demandé avec instances, et à plusieurs reprises par l'Empereur d'Autriche. Il est le plus beau trophée de ce jour, et à l'aspect de ce monument les détracteurs de notre gloire baissent les yeux et rentrent dans le silence. L'humanité sourit au vainqueur , qui touché des maux qui pèsent sur elle , écoute les messagers de paix et ordonne des conférences.

Quels bruits de guerre viennent les troubler ? Quel cri d'allarme pénètre tout-à-coup dans le palais de Schoenbrunn ? *L'Anglais* a paru sur nos côtes , et débarqué en Zélande avec l'armement le plus formidable qui soit jamais sorti de ses ports. Il vient détruire l'ouvrage de Napoléon, brûler la flotte de l'Es-

______

(1) Es. XLV , 2.

caut, incendier nos chantiers et nos magasins, et rallumer sur le Continent les brandons encore fumans de la guerre.

Mais celui *qui règne aux Cieux* (1), protège la France, il confondra ces projets, et ils s'évanouiront comme la fumée. Déjà l'Empereur a donné ses ordres, les peuples se lèvent, les gardes nationales accourent, les côtes se couvrent de troupes, un chef nourri dans les camps et accoutumé à la victoire les commande, des batteries sont dressées, et la foudre menaçante regarde les soldats d'Albion. S'ils osent mettre le pied sur le sol français, ils sont perdus. Leurs généraux le sentent; à l'aspect de nos cohortes ils pâlissent, ils s'assemblent, ils délibèrent..... et le signal du retour est donné.... O gloire, ô triomphe de nos guerriers ! Leur seule apparition suffit, pour rejetter dans ses vaisseaux cet ennemi, dont les bataillons avaient été défaits sur les bords du Tage et de l'Alberche. Il fuit, il fuit avec précipitation et la honte l'accompagne. Puisse-t-elle lui devenir salutaire, puisse l'ignominie de cette expédition abattre son orgueil, et disposer son cœur à recevoir les paroles de paix que le vainqueur d'Austerlitz, et de Friedland n'a cessé de lui adresser ! Puisse

____

(1) Ps. II, 4.

ainsi le repos des Mers suivre le repos du Continent, dernier fruit de la victoire et dernière bénédiction du Ciel *!*

C'est dans la capitale du Prince vaincu que cette paix est signée le jour anniversaire de la bataille d'Jena. *Qu'ils sont beaux sur les montagnes les pieds de celui qui annonce la paix, qui en fait retentir le nom, qui apporte de bonnes nouvelles et qui dit à Sion : ton Dieu règne* (1) *!* La paix est signée *!* Sèche tes pleurs, *ô humanité !* Le glaive est rentré dans le fourreau, il ne s'abreuvera plus de sang ; il ne portera plus le deuil dans les cités, ni la désolation dans les campagnes. *Les nations changent leurs épées en hoyaux et leurs lances en serpes* (2). Napoléon a pu écouter son cœur. -- La paix est signée. *Respirez malheureuses victimes de la guerre, infortunés habitans*, objets de la compassion du plus grand des Héros. Désormais ne pèseront plus sur vous des maux, qu'il gémissait de ne pouvoir vous épargner ; désormais *vous mangerez le froment que vous aurez moissonné, vous boirez le vin que vous aurez recueilli* (3), et l'Eternel guérira

____

(1) Es. lv , 7.
(2) Mich. lv , 3.
(3) Es. lxii. , 8 , 9.

vos plaies. La paix est signée. Réjouis-toi, *France*, et bénis ton protecteur. Que pouvais-tu désirer ? Ta sûreté ?... De nouvelles provinces passent sous ton scèptre , tes armées cernent de toutes parts les possessions Autrichiennes. La récompense de tes alliés ? -- Elle leur est accordée, leur territoire aggrandi et des places fortes les défendent contre toute invasion. Le sort de tes enfans adoptifs ? -- Il est assuré ; la bonté paternelle de l'Empereur ne les a point oubliés, le paiement des sommes dues par l'Autriche aux Français, est expressément stipulé. La garantie pour l'avenir ? --- Elle existe par la reconnaissance de tous les changemens survenus et à survenir en Italie, en Espagne et en Portugal. La paix maritime ? --- L'accord des grandes puissances du Continent, les ports fermés au commerce anglais depuis la Loire jusqu'à la Newa, depuis la mer du Nord jusqu'aux rives Adriatiques, doivent avancer cette époque, si ardemment désirée, où la France, déjà baignée par trois mers, arrosée des plus beaux fleuves de l'Europe, sera *comme un jardin de l'Eternel* (1), et où ses flottes couvriront l'Océan des deux hémisphères. Brillantes des-

____

(1) Es. LV, 13.

tinées , que l'Éternel a confiées à son serviteur et que tout nous présage, le chant qui
retentit dans les atteliers et dans les vallons ,
la joie qui épanouit le front du commerçant ,
l'espérance qui anime tous les regards. *Cieux ,
entonnez donc l'hymne du triomphe ; Terre,
fais éclater ta joie ; Montagnes, poussez des
cris d'allégresse* (1). *Le Seigneur a consolé
son peuple, il a déployé sa puissance aux
yeux des nations ; il a inspiré et exaucé
son Oint. Eternel conserve le Roi* (2).

Fidélité au prince et à la patrie. C'est le
second objet de cette solennité.

SECONDE PARTIE.

Mes Frères ! Quand même l'Eternel n'aurait pas fait précéder de l'Ange des victoires
celui qu'il avait élevé sur le trône de l'Occi-
dent ; quand même dans cette guerre qu'il vient
de terminer si glorieusement, le succès n'aurait point couronné ses travaux, l'Empereur
n'en aurait pas moins des droits incontestables

---

(1) Es. LIX , 13.
(2) Ps.

à notre fidélité et la patrie à notre dévouement. Ils existeraient toujours *les titres* de Napoléon à la Puissance suprême, ce génie vaste et profond qui embrasse à la fois les détails et l'ensemble, cette volonté ferme et sage, sourde aux clameurs et aux intrigues, cette gloire militaire, dont les trophées s'élèvent dans les trois parties du Monde, ce vœu solennel des Représentans de la Nation, vœu adopté et sanctionné par des millions de Citoyens, exemple unique dans l'Histoire comme le Héros qu'il honore. Elles existeraient toujours ces *obligations*, qui lient le citoyen à l'état comme les membres au corps vivant, qui ne lui laissent d'autre existence que celle d'organe fidèle du caractère national, ni d'autre gloire que celle de bien servir le Prince qui le gouverne et le pays qui l'a vu naître ou qui l'a adopté. Elle retentirait toujours cette voix de la *religion* qui nous ordonne *d'honorer le Roi*, (1) *de rendre à César ce qui appartient à César*, (2) *d'être soumis aux Puissances parce qu'elles viennent de Dieu, qui les a établies pour notre bien et pour exercer sa justice envers les méchans* (3).

---

(1) Pierre II, 17.
(2) Matth. XXII, 21.
3) Rom. XIII, 1, 4.

Mais grâces à ce Dieu Tout-Puissant, sa protection ne s'est point démentie envers nous. *Le Seigneur s'est souvenu de son alliance ;* il a permis à son Serviteur de tenir éloignés de nos foyers les maux de la guerre. *Les en- nemis sont tombés, mais nous sommes restés debout* (1) et la victoire a embrassé la paix. *Peuple Français*, Nation bénie et pro- tégée, *l'Eternel te déclare ainsi ce qui est bon et ce qu'il exige de toi* (2). Il te confirme ainsi ses *statuts* et ses *ordonnances*. Observe les religieusement. Que ton obéissance réponde à son amour *!* Environne de ta fidélité le Hé- ros *qu'il a établi comme une colonne de fer contre tes ennemis* (3) et sans lequel **tu** serais devenu le partage de l'étranger et la proie de ceux *qui te haïssent*. Rends affec- tion pour affection au Prince magnanime qui te porte dans son cœur et qui regarde comme « perdus pour son bonheur, les jours qu'il passe loin de sa grande famille (4) ».

Enfans adoptifs de la France, ce devoir

---

1) Ps.

(2) Mich. vi, 8.

(3) Jérém., 1, 18.

(4) Réponse de l'Empereur au Sénat.

vous est imposé comme à vos aînés. La patrie est là , où est le Citoyen et vous apparte-
nez à l'Empire. C'est lui, c'est Napoléon qui
vous protège, qui garantit la sûreté de vos
personnes, la jouissance de vos propriétés,
l'exercice de votre culte. Vos concitoyens
siègent parmi les premiers Magistrats et dans
les cours souveraines ; ils entourent le Monarque et vous transmettent ses volontés et
ses bienfaits.

La France pouvait user envers vous des
droits de la guerre, réduire votre pays en
Province , vous faire gouverner par des Pro-
consuls ; elle a voulu vous associer à sa famille et à sa gloire, car vous ne lui étiez
point étrangers. En vous incorporant à son
domaine, elle est rentrée dans ses anciennes
limites. N'êtes - vous pas les frères des ces
Gaulois , dont les nombreuses tribus s'é-
tendaient des bords du Rhin aux rivages
de l'Océan ? N'avez - vous pas obéi long-
temps à des Princes Français , avant que
le Souverain de l'Autriche vous eut acquis
par les droits de l'hymen ? Et si vos bel-
les contrées ont cessé d'être le théâtre de
la guerre, l'objet toujours disputé entre la
France et ses voisins; si la foudre meurtrière
ne tonne plus contre vos habitations et ne ré-

duit plus en cendre vos cités ; si vos riches guérets ne sont plus le champ du carnage et de la destruction ; si le coursier des combats ne foule plus aux pieds l'espoir du cultivateur, la nourriture des familles ; si la tendre épouse, la vierge timide ne sont plus exposées à la brutalité d'une soldatesque effrénée ; si tandis que l'Italie, l'Autriche, la Prusse, la Pologne retentissaient du bruit des armes et du tumulte des camps, vous avez vécu tranquilles chacun *sous sa vigne et sous son figuier* ; enfin si parmi vous l'hydre des factions est étouffée, la féodalité abolie, l'égalité des Citoyens devant la loi solennellement proclamée, le dépôt sacré des sciences, des lettres et des arts établi, le progrès des lumières érigé en maxime fondamentale..... à qui devez-vous tous ces bienfaits, sinon à cette réunion que commandait votre situation parmi les puissances et que méditait déjà le meilleur comme le plus chéri de nos Rois ? (1) A qui les devez-vous, sinon à l'homme de la Providence, au Vainqueur de quatre coalitions, au Héros pacificateur ?

Montrez-vous dignes de vivre sous son scèptre, montrez-vous dignes d'être Français.

____

(1) Henri Quatre.

Consacrez vos travaux et votre existence à votre nouvelle patrie, consacrez les au Prince qu'elle salue comme son père. Voici vos aînés vous donnent l'exemple. Avec quelle promptitude ces braves gardes Nationales du Pas de Calais, du Nord, de la Meuse, des Ardennes, de la Meurthe, des Vosges sont accourues pour la défense de votre territoire ! Avec quel dévouement ils ont quitté, l'un une épouse chérie, l'autre des enfans tendrement aimés, celui-ci une profession utile, celui-là des champs couverts de moissons, pour venir repousser l'aggression Britannique; avec quel courage ils ont bravé les injures de l'air, la fatigue des marches, les miasmes des marais, les privations de toute espèce !..... Qu'un si beau modèle ne soit point perdu pour vous !

Chrétiens Protestans ! A ces motifs communs à tous les Français, se joint pour nous le motif d'une reconnaissance particulière envers le Monarque, à la voix duquel est sortie d'une longue et flétrissante servitude, la foi de nos Pères, la foi Evangélique. Notre Culte n'est pas celui de la Majorité; cependant il est autorisé. Que dis-je ? Protégé. Napoléon le couvre de l'égide de sa puissance; il a dit : — écoutez le, Rois de la terre, Princes des nations. — Il a dit : « *l'Empire de la loi finit là*

» *où commence l'Empire indéfini des con-*
» *sciences. Ni le Prince, ni le Peuple ne*
» *peuvent rien contre cette liberté* (1).
Fidèle à cette parole, il appelle les membres
de notre communion dans son conseil, dans
ses camps, dans ses palais. Chaque année voit
éclore de nouveaux bienfaits sur l'Eglise,
chaque jour de nouvelles preuves de sa mu-
nificence.

Ah, si ces idées laissaient insensible un seul
d'entre nous, s'il hésitait un instant de bénir
avec nous le Souverain *béni de l'Eternel* (2),
élevez votre voix, murs de ce temple, autel
du Dieu vivant, cérémonies saintes, instruc-
tions de la jeunesse, consolations du malheur,
soutien des mourans, asyle où repose en paix
la dépouille de nos frères et vous, ombres ché-
ries, ombres respectables dont la religion a
pu honorer la mémoire..... Touchez, touchez
ce cœur ingrat et qu'il sente enfin tout ce qu'il
doit à Napoléon !

Ames nobles, pour qui la reconnaissance
est une source de bonheur, ames pieuses
aussi fidèles à votre Prince qu'à votre conscience,
persévérez dans ces sentimens sans lesquels

----

(1) Réponse de S. M. aux Présidens des Consistoires.
(2) GEN. XXIV, 31.

il n'est point de vertu, point de religion. Rendez gloire à celui *par qui les Rois règnent et triomphent* , honorez , respectez constamment son serviteur, priez sans cesse pour la conservation de cette tête auguste et chérie, sur laquelle reposent les destinées de l'Empire et de l'Eglise, et dans ce jour solennel , jurez avec nous de lui rester fidèles jusqu'à la mort.

Oui , nous te jurons une fidélité éternelle, un dévouement inviolable, *Oint du Seigneur,* instrument de ses Miséricordes *!* Nous le jurons par cette Religion qui sanctifie l'obéissance , et qui rattache au Trône de l'Eternel, la chaîne qui nous unit à l'Etat. Rien n'ébranlera notre constance, rien n'altérera notre amour, et *d'âge en âge* s'élèveront pour ton bonheur les accens de la prière et la voix des supplications. Puissent-elles redescendre sur toi en bénédictions abondantes et intarissables *!*

A M E N !

PRIÈRE

APRÈS LE SERMON.

ÉTERNEL ! Source inépuisable de bienfaits ! nous nous présentons encore devant ta face pour implorer tes faveurs et
tes miséricordes.

PÈRE de l'Univers ! bénis tous tes enfans , et prête l'oreille à leurs prières.
Transforme chaque cœur en un temple
vivant, et que la voix de l'allégresse célèbre ton saint nom !

ROI de gloire ! sois toujours avec la
France, notre chère patrie. *Instruis et
conduis ton peuple comme l'aigle volant*

au-dessus de ses petits , les prend et les porte sur ses ailes étendues (1).

Commande à la bénédiction de reposer sur ton serviteur Napoléon et sur toute la Famille impériale. Conserve ton *Oint ,* Seigneur, *et veille sur lui* (2). *Il se confie en toi et ta bonté* (3). *Ajoute des jours aux jours* de l'Empereur, et que la plus longue carrière lui permette d'exécuter les projets qu'il médite, pour le bonheur des peuples que tu lui as confiés !

Dirige les ministres de sa puissance. *Enseigne leur tes statuts* et affermis leurs pas dans les sentiers de la droiture et de l'intégrité.

Rédempteur auguste, SEIGNEUR JÉSUS-CHRIST ! sois avec ton Eglise jusqu'à *la consommation des siècles* (4). Que la foi

---

(1) DEUTERON. XXXII , 11.

(2) Ps. XX.

(3) Ps. XXI , 8.

(4) MATH, XXVIII , 20.

brille comme le soleil dans son midi, et l'amour de tes préceptes comme un jour pur et sans nuages ! Unis par les liens de la concorde tes adorateurs, soit qu'ils te célèbrent par la pompe des cérémonies, soit qu'ils te louent par la doctrine de ta parole, et fais leur comprendre qu'*en toute nation celui qui craint Dieu et qui s'attache à la justice, lui est agréable* (1).

Ouvre ton riche trésor (2) pour le troupeau que tu as recueilli dans ce sanctuaire. Soutiens son zèle et nourris sa piété.

Céleste esprit ! incline vers la paix la pensée du Roi des Isles. Qu'il cesse de repousser le rameau d'olivier ; que la mer ne voie enfin que des pavillons amis !

Auteur de toute consolation ! descends dans les cœurs déchirés par la peine et

---

(1) Actes x, 36.

(2) Deuteron. xxviii, 12.

la souffrance ; inspire - leur la patience et la résignation , et fixe leurs regards sur un meilleur avenir.

Exauce - nous , Seigneur ! et que toutes ces graces soient le gage de celles que tu réserves à tes Elus. Nous t'en prions comme :

Notre Père qui es aux Cieux , etc.

(CHANT DE LA SECONDE PARTIE DU TE DEUM.)

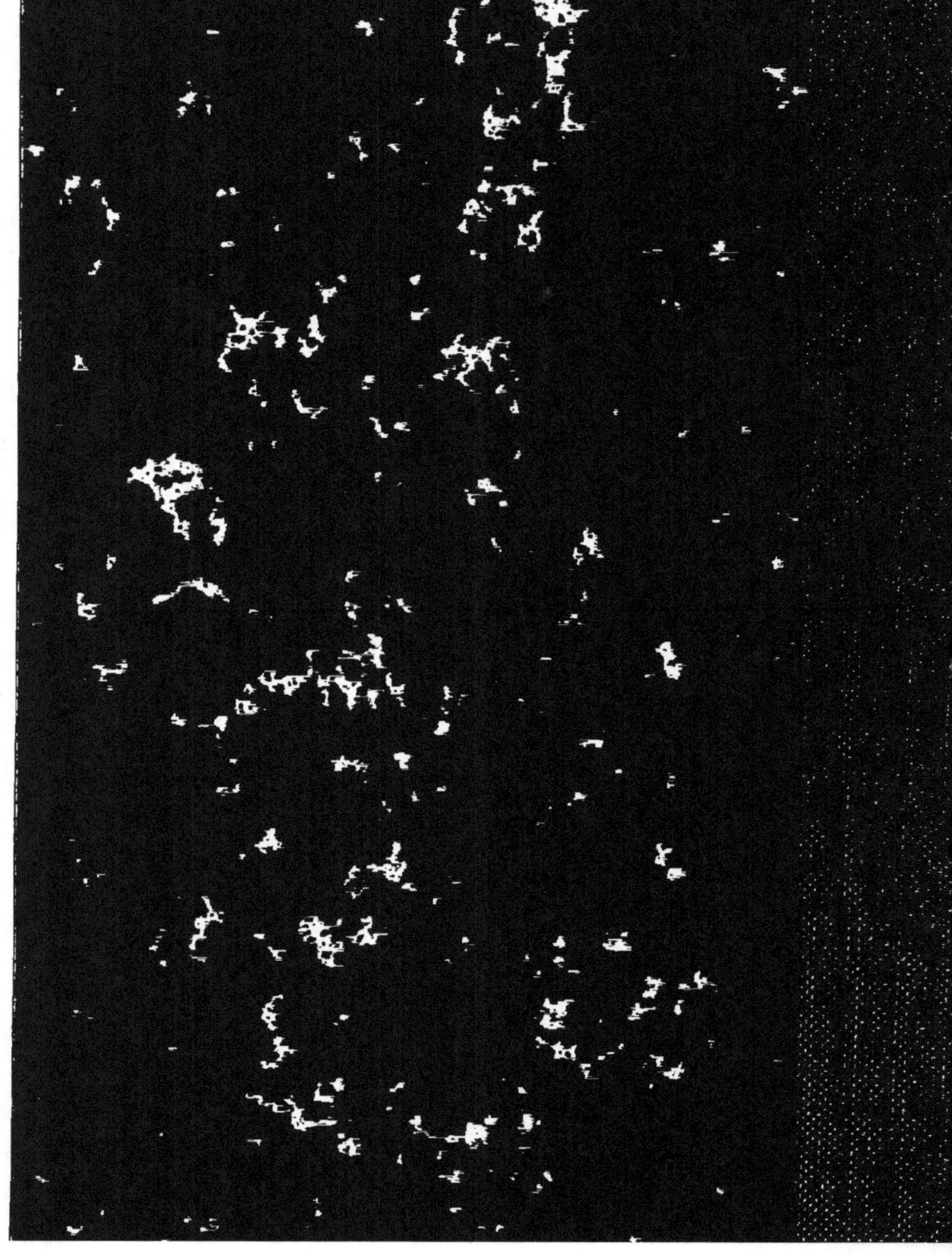